Das Komplette Keto BBQ Kochbuch

Ein Anfängerhandbuch Mit Köstlichen Keto-BBQ-Rezepten, Mit Denen Sie Ihre Familie Und Freunde Angenehm Überraschen Können

Nathan King - Stefan Berger

Hinweis auf den Haftungsausschluss:

Bitte beachten Sie, dass die in diesem Dokument enthaltenen Informationen nur zu Bildungs- und Unterhaltungszwecken dienen. Alle Anstrengungen wurden unternommen, um genaue, aktuelle und zuverlässige und vollständige Informationen zu präsentieren. Es werden keine Garantien jeglicher Art erklärt oder impliziert. Die Leser erkennen an, dass der Autor sich nicht an der rechtlichen, finanziellen, medizinischen oder professionellen Beratung beteiligt. Der Inhalt dieses Buches wurde aus verschiedenen Quellen abgeleitet. Bitte wenden Sie sich an einen lizenzierten Fachmann, bevor Sie die in diesem Buch beschriebenen Techniken ausprobieren.

Mit der Lektüre dieses Dokuments erklärt sich der Leser damit einverstanden, dass der Autor unter keinen Umständen für direkte oder indirekte Verluste verantwortlich ist, die durch die Verwendung der in diesem Dokument enthaltenen

Informationen entstehen, einschließlich, aber nicht beschränkt

auf Fehler, Auslassungen oder Ungenauigkeiten.

Inhaltsverzeichnis

Einleitung

Vielen Dank für den Kauf *Das Komplette Keto BBQ Kochbuch: Ein Anfängerhandbuch Mit Köstlichen Keto-BBQ-Rezepten, Mit Denen Sie Ihre Familie Und Freunde Angenehm Überraschen Können.*

Eine alte Methode des Kochens, die von einer unvermeidlichen Notwendigkeit in eine angenehme Gelegenheit für Mittag- oder Abendessen mit Freunden unter freiem Himmel verwandelt wurde. Der Grill ist die beste Kochmethode, um den authentischen Geschmack von Fleisch zu schätzen und heute werden wir zusammen die Kochtechniken sehen, welche Grill zu verwenden, die idealen Arten von Fleisch zuzubereiten und sogar, wie man Pizza auf diesem Herd zu kochen. Es gibt viele Grillrezepte, die wir vorschlagen können, für einzigartige Gerichte und majestätische Hauptgerichte, bis zu einem ungewöhnlichen Dessert.

Chicken & Beef Rezepte

Bourbon BBQ geräucherte Hühnerflügel

Zubereitungszeit: 20 Minuten

Kochzeit: 24 Minuten

Portionen: 8

Zutaten:

- 4 Pfund Hühnerflügel, trocken geklopft

- 2 EL Olivenöl

- Salz und Pfeffer nach Geschmack

- 1/2 mittelgelbe Zwiebeln, gehackt

- 5 Knoblauchzehen, gehackt

- 1/2 Tasse Bourbon

- 2 Tassen Ketchup

- 1-3 Tasse Apfelessig

- 2 EL Flüssigrauch

- 1/2 TL koscheres Salz

- 1/2 TL schwarzer Pfeffer

- Ein Schuss heiße Sauce

Wegbeschreibungen:

1.Das Huhn in eine Schüssel geben und mit Olivenöl beträufeln. Mit Salz und Pfeffer abschmecken. In einer anderen Schüssel die restlichen Zutaten kombinieren und beiseite stellen.

2.Feuer den Traeger Grill auf 400°F. Verwenden Sie Hickory Traegers. Schließen Sie den Deckel und lassen Sie es 15 Minuten vorheizen.

3.Stellen Sie das Huhn auf den Grillrost und kochen Für 12 Minuten auf jeder Seite.

4.Mit einem Pinsel, bürsten Sie die Hühnerflügel mit Bourbon-Sauce auf allen Seiten.

5.Flip das Huhn und kochen für weitere 12 Minuten mit dem Deckel geschlossen.

Ernährung:

- Kalorien: 384

- Protein: 50.7g

- Kohlenhydrate: 17,8 g

- Fett: 11.5g

- Zucker: 13.1g

Geräucherte Hähnchen Schenklungen

Zubereitungszeit: 20 Minuten

Kochzeit: 24 Minuten

Portionen: 6

Zutaten:

• 6 Hähnchenschenklchen

• 1/2 Tasse kommerzielle BBQ-Sauce Ihrer Wahl

• 1 1/2 EL Geflügelgewürz

• 4 EL Butter

Wegbeschreibungen:

1. Legen Sie alle Zutaten in eine Schüssel mit Ausnahme der Butter. Massieren Sie das Huhn, um sicherzustellen, dass das Huhn mit der Marinade beschichtet ist.

2. Stellen Sie in den Kühlschrank für 4 Stunden marinieren.

3. Feuer den Traeger Grill auf 350°F. Verwenden Sie Hickory Traegers. Schließen Sie den Deckel und heizen Sie 15 Minuten vor.

4.Wenn bereit zu kochen, legen Sie das Huhn auf den Grill

Rost und kochen für 12 Minuten auf jeder Seite.

5.Vor dem Servieren des Huhns, bürsten Sie mit Butter auf der

Oberseite.

Ernährung:

- Kalorien: 504 Protein: 32.4g

- Kohlenhydrate: 2.7g

- Fett: 39.9g

- Zucker: 0.9g

Traeger Tri-Tip

Zubereitungszeit: 10 Minuten

Kochzeit: 1 Stunde 30 Minuten

Portionen: 6

Zutaten:

•3 pfund Tri-Spitze

•1-1/2 EL koscheres Salz

•1 EL schwarzer Pfeffer

•1 EL Paprika

•1/2 EL Cayenne

•1 EL Zwiebelpulver

•1 EL Knoblauchpulver

Wegbeschreibungen:

1.Heizen Sie Ihren Traeger auf 250°F vor.

2.Mischen Sie die Gewürzzutaten und würzen Sie großzügig den Tri-Tipp.

3.Stellen Sie es in den Traeger und kochen für 30 Minuten. Die Tri-Spitze umdrehen und für weitere 30 Minuten kochen.

4.Drehen Sie den Traeger und coo für weitere 30 Minuten.

Ziehen Sie das Fleisch bei 125°F für mittel-selten und 135°F für

medium heraus.

5.Lassen Sie das Fleisch für 10 Minuten vor dem Schneiden

und Servieren ruhen.

Ernährung: Kalorien: 484 Fett: 25g gesättigte Fettsäuren: 0g

Kohlenhydrate: 1g Netto Kohlenhydrate: 1g Protein: 59g,

Zucker: 0g Ballaststoffe: 0g Natrium: 650mmg

Gegrilltes Mandel-Crusted Beef Filet

Zubereitungszeit: 15 Minuten

Kochzeit: 55 Minuten

Portionen: 4

Zutaten:

• 3 lbs. Filet aus Rinderfilet

• Salz und Pfeffer nach Geschmack

• 1/4 Tasse Olivenöl

• 1-3 Tasse Zwiebel, sehr fein gehackt

• 2 EL Currypulver

• 1 Tasse Hühnerbrühe

• 1 EL Dijon-Senf

• 1/4 Tasse in Scheiben geschnittene Mandeln, grob gehackt

Wegbeschreibungen:

1. Reiben Sie das Rindsfilet mit Salz und Pfeffer.

2. In einer Schüssel Olivenöl, Zwiebeln, Curry, Hühnerbrühe,

Senf und Mandeln kombinieren.

3.Reiben Sie Ihr Rindfleisch großzügig mit der Currymischung.

4.Starten Sie Ihren Traeger-Grill, stellen Sie die Temperatur auf Hoch, und vorheizen, Deckel geschlossen, für 10 bis 15 Minuten.

5.As einer allgemeinen Regel sollten Sie Steaks bei großer Hitze grillen (450–500°F).

6.Grill ca. 7–10 Minuten pro Seite bei hohen Temperaturen oder 15-20 Minuten pro Seite bei den niedrigeren Temperaturen, oder nach Ihrer Vorliebe für Getanheit.

7.Entfernen Sie Fleisch vom Grill und lassen Sie für 10 Minuten abkühlen.

8.Serve heiß.

Ernährung:

- Kalorien: 479.33

- Fett 34.54g

- Kohlenhydrate: 4.05g

- Faser: 1.95g

- Protein: 36.82g

Geräucherte Würzige Schweinemedaillons

Zubereitungszeit: 15 Minuten

Kochzeit: 1 Stunde 30 Minuten

Portionen: 6

Zutaten:

• 2 lbs. Schweinemedaillons

• 3/4 Tasse Hühnerbrühe

• 1/2 Tasse Tomatensauce (Bio)

• 2 EL geräucherter heißer Paprika (oder nach Geschmack)

• 2 EL frisches Basilikum fein gehackt

• 1 EL Oregano

• Salz und Pfeffer nach Geschmack

Wegbeschreibungen:

1. In einer Schüssel, kombinieren Sie die Hühnerbrühe, Tomatensauce, Paprika, Oregano, Salz und Pfeffer.

2. Bürste großzügig über die Außenseite des Tenderloin.

3. Starten Sie den Traeger-Grill auf Rauch mit dem Deckel geöffnet, bis das Feuer festgestellt ist (4 bis 5 Minuten). Die

Temperatur auf 250°F einstellen und vorheizen, Deckel geschlossen, für 10 bis 15 Minuten.

4.Stellen Sie das Schweinefleisch auf den Grill rostfrei und rauchen, bis die Innentemperatur des Schweinefleisches mindestens mittel-selten (ca. 145°F), für 1 und eine halbe Stunde ist.

5.Lassen Sie Fleisch für 15 Minuten ruhen und servieren.

Ernährung: Kalorien: 364.2 Kohlenhydrate: 4g Fett: 14.4g Ballaststoffe: 2g Protein: 52.4g

Geräucherte Schweinelende

Zubereitungszeit: 30 Minuten

Kochzeit: 2 Stunden 30 Minuten

Portionen: 8

Zutaten:

• 4 Pfund Schweinelende, getrimmt

• 4 EL Olivenöl

• 2 EL Knoblauchpulver

• 2 EL Rosmarin, getrocknet und gehackt

• 1/2 TL Salz oder nach Geschmack

• 1 Tasse trockene Pistazien, gehackt und geröstet

• 1 EL gemahlener schwarzer Pfeffer

Wegbeschreibungen:

1. Den Rauchergrill 50 Minuten bei 270°F vorheizen.

2. Mantel das Schweinefleisch mit einer großzügigen Menge an Olivenöl.

3.Nächstes reiben Sie das Schweinefleisch mit

Knoblauchpulver, Rosmarin, Salz, Pistazien und schwarzem

Pfeffer.

4.Put das Schweinefleisch direkt auf den Grill Rost und

rauchen Sie es für 3 Stunden durch Schließen des Deckels.

5.Sobald die Innentemperatur 150°F erreicht ist, ist das

Schweinefleisch bereit, serviert zu werden.

6.Genießen.

Ernährung:

•Kalorien: 143 Fett: 5,7 g

•Protein: 21 g

Geräucherter Apfel Barbecue Ribs

Zubereitungszeit: 25 Minuten

Kochzeit: 2 Stunden Portionen: 6

Zutaten:

• 2 Racks St. Louis-Stil Rippen

• 1/4 Tasse Traeger Big Game Rub

• Tasse Apfelsaft

• Eine Flasche Traeger Barbecue Sauce

Wegbeschreibungen:

1. Stellen Sie die Rippen auf eine Arbeitsfläche und entfernen Sie den Film von Bindegewebe, der sie bedeckt.

2. In eine weitere Schüssel, mischen Sie den Game Rub und Apfelsaft, bis gut kombiniert.

3. Massieren Sie das Reiben auf den Rippen und lassen Sie im Kühlschrank für mindestens 2 Stunden ruhen.

4. Wenn sie bereit zum Kochen sind, feuern Sie den Traeger Grill auf 225°F. Verwenden Sie Apfeltraeger beim Kochen

der Rippen. Schließen Sie den Deckel und heizen Sie 15 Minuten vor.

5.Legen Sie die Rippen auf den Grillrost und schließen Sie den Deckel. 1 Stunde und 30 Minuten rauchen. Achten Sie darauf, die Rippen in der Mitte der Garzeit zu kippen. Zehn Minuten vor Ende der Garzeit die Rippen mit Barbecue-Sauce bürsten.

6.Entfernen Sie vom Grill und lassen Sie vor dem Schneiden ruhen.

Ernährung: Kalorien: 337 Protein: 47.1g Kohlenhydrate: 4,7 g Fett: 12,9 g Zucker: 4g

Geräucherte Schweineschulter

Zubereitungszeit: 30 Minuten

Kochzeit: 1 Stunde 30 Minuten

Portionen: 6

Zutaten:

• 3 Pfund Schweineschulter, Braten

Schulter Rub Zutaten:

• 1/4 Tasse brauner Zucker

• 1/4 Tasse weißer Zucker

• 1 EL Paprika

• 1 EL Knoblauchpulver

• Salz, nach Geschmack

• 1/2 EL Chilipulver

• 1 TL Cayennepfeffer

• 1/4 TL schwarzer Pfeffer

• 2 TL getrockneter Oregano

• 2 TL Kreuzkümmel

Flüssige Inhaltsstoffe, die injiziert werden sollen

- 3/4 Tasse Apfelsaft

- 1 Tasse Wasser

- 1/2 Tasse Zucker:

- Salz, nach Geschmack

- 6 EL. Worcestershire Sauce

Wegbeschreibungen:

1.Nehmen Sie eine große Schüssel und fügen Sie alle Schulter Gewürz reiben Zutaten und gut mischen.

2.Nehmen Sie eine separate Schüssel und fügen Sie alle flüssigen Zutaten.

3.Verwenden Sie nun einen Injektor, um die gemischte Flüssigkeit in das Fleisch zu injizieren.

4.Pat trocknen Sie es von oben mit einem Papiertuch.

5.Rub die Gewürzmischung auf der Oberseite und links für ein paar Stunden vor dem Kochen.

6.Vorheizen Sie den Rauchergrill für 50 Minuten bei 220°F.

7.Put das Fleisch auf den Grill Rost und kochen für 2 Stunden bei 225 Grad.

8.Dienen und genießen.

Ernährung:

• Kalorien: 236

• Protein: 17 g

• Fett: 18 g

Geräuchertes Wild und Wildschwein

Zubereitungszeit: 5 Minuten

Kochzeit: 5 Stunden

Portionen: 6

Zutaten:

• 1 Pfund gemahlenes Wildschwein

• 1 Pfund gemahlenes Wild

• 2 TL Selleriesalz

• 2 TL Paprikaflocken

Wegbeschreibungen:

1. Starten Sie Ihren Traeger Smoker mit geöffnetem Deckel für

ca. 4 bis 5 Minuten und halten Sie die Temperatur auf Rauch

2. Kombinieren Sie alle Ihre Zutaten in einer Schüssel und

formen Sie Riegel aus dem Fleisch mit der Hand

3. Stellen Sie die Stangen auf den Grill Rost und Rauch für

etwa 4 bis 5 Stunden

4. Entfernen Sie vom Grill und lassen Sie für ca. 5 Minuten

abkühlen

5.Serve und genießen Sie Ihr Gericht!

Ernährung:

• Kalorien: 134

• Fett: 6g

• Kohlenhydrate: 0g

• Faser: 0 g

• Protein: 18g

Gegrillte Lamm Burger

Zubereitungszeit: 15 Minuten

Kochzeit: 25 Minuten

Portionen: 5

Zutaten:

- 1 Ei

- 1 TL getrockneter Oregano

- 1 TL trockener Sherry

- 1/4 Pfund gemahlenes Lamm

- 1 TL Weißweinessig

- 1/2 TL zerkleinerte Paprikaflocken

- 4 gehackte Knoblauchzehen

- 1/2 Tasse gehackte grüne Zwiebeln

- 1 EL gehackte Minze

- 2 EL gehackter Koriander

- 2 EL trockene Brotkrümel

- 1/8 TL Salz nach Geschmack

- 1/4 TL gemahlener schwarzer Pfeffer nach Geschmack

•1 Hamburger Brötchen

Wegbeschreibungen:

1.Einen Traeger Smoker oder Grill auf 350-450°F vorheizen

und dann seine Gitter fetten.

2.Mit einer großen Rührschüssel, fügen Sie alle Zutaten auf

der Liste abgesehen von den Brötchen dann richtig mischen,

um mit sauberen Händen zu kombinieren.

3.Machen Sie etwa fünf Patties aus der Mischung dann

beiseite stellen.

4.Legen Sie die Lammpasteten auf den vorgeheizten Grill und

kochen Sie für etwa sieben bis neun Minuten drehen nur

einmal, bis ein eingelegtes Thermometer liest 160°F.

5.Servieren Sie die Lamm-Burger auf dem Hamburger, fügen

Sie Ihre Lieblings-Toppings, und genießen.

Ernährung:

- Kalorien: 376

- Fett: 18.5g

- Faser: 1.6g

- Kohlenhydrate: 25.4g

- Protein: 25,5 g

Easy Geräucherte Hähnchenbrüste

Zubereitungszeit: 20 Minuten

Kochzeit: 30 Minuten

Portionen: 4

Zutaten:

- 4 große Hähnchenbrust, Knochen und Haut entfernt

- 1 EL Olivenöl

- 2 EL brauner Zucker:

- 2 EL Ahornsirup

- 1 TL Selleriesamen

- 2 EL Paprika

- 2 EL Salz

- 1 TL schwarzer Pfeffer

- 2 EL Knoblauchpulver

- 2 EL Zwiebelpulver

Wegbeschreibungen:

1.Legen Sie alle Zutaten in eine Schüssel und massieren Sie das Huhn mit den Händen. In den Kühlschrank stellen, um mindestens 4 Stunden zu marinieren.

2.Feuern Sie den Traeger Grill auf 350°F und verwenden Sie Ahorn-Traeger. Schließen Sie den Deckel und lassen Sie es auf 15 Minuten vorheizen.

3.Stellen Sie das Huhn auf den Grill und kochen für 15 Minuten mit dem Deckel geschlossen.

4.Drehen Sie das Huhn um und kochen Sie weitere 10 Minuten.

5.Setzen Sie ein Thermometer in den dicksten Teil des Huhns und stellen Sie sicher, dass die Temperatur 165°F liest.

6.Entfernen Sie das Huhn vom Grill und lassen Sie für 5 Minuten vor dem Schneiden ruhen.

Ernährung:

- Kalorien: 327

- Protein: 40 g

- Kohlenhydrate: 23g

- Fett: 9g

- Zucker: 13g

Gepfefferte BBQ Huhn Oberschenkel

Kochzeit: 35 Minuten

Portionen: 6

Zutaten:

• 6 knocheninhähnchenschenkt

• Salz und Pfeffer nach Geschmack

• Traeger Big Game Rub nach Geschmack, optional

Wegbeschreibungen:

1. Legen Sie alle Zutaten in eine Schüssel und lassen Sie im Kühlschrank für mindestens 4 Stunden marinieren.

2. Wenn sie bereit zum Kochen sind, feuern Sie den Traeger Grill auf 350°F. Verwenden Sie Apfeltraeger. Schließen Sie den Deckel und heizen Sie 15 Minuten vor.

3. Stellen Sie das Huhn direkt auf den Grillrost und kochen Sie für 35 Minuten. Um zu überprüfen, ob das Huhn gründlich gekocht wird, legen Sie ein Fleischthermometer ein und stellen Sie sicher, dass die Innentemperatur 165°F lautet.

4. Servieren Sie das Huhn sofort.

Ernährung:

- Kalorien: 430

- Protein: 32g

- Kohlenhydrate: 1.2g

- Fett: 32.1g

- Zucker: 0.4g

Gegrillte Rindersteaks mit Bier-Honig-Sauce

Zubereitungszeit: 15 Minuten Kochzeit: 55 Minuten

Portionen: 4 Zutaten:

• 4 Rindersteaks

• Salz und Pfeffer nach Geschmack

• 1 Tasse Bier

• 1 TL Thymian

• 1 EL Honig

• 1 Zitrone, entsaftet

• 2 EL Olivenöl

Wegbeschreibungen:

1. Saison Rindersteaks mit Salz und Pfeffer.

2. In einer Schüssel, kombinieren Sie Bier, Thymian, Honig, Zitronensaft und Olivenöl.

3. Reiben Sie die Rindersteaks großzügig mit Biermischung.

4.Starten Sie Ihren Traeger-Grill, stellen Sie die Temperatur auf Hoch und vorheizen, Deckel geschlossen, für 10 bis 15 Minuten.

5.As einer allgemeinen Regel sollten Sie Steaks bei großer Hitze grillen (450–500°F).

6.Grill ca. 7–10 Minuten pro Seite bei hohen Temperaturen oder 15 Minuten pro Seite bei den niedrigeren Temperaturen, oder nach Ihrer Vorliebe für Getanheit.

7.Entfernen Sie Fleisch vom Grill und lassen Sie für 10 Minuten abkühlen.

8.Dienen.

Ernährung: Kalorien: 355.77 Fett 12.57g Kohlenhydrate: 7.68g Ballaststoffe: 0.18g Protein: 49.74g

Gegrilltes La Rochelle Beef Steak mit Curry Ananas

Zubereitungszeit: 4 Stunden und 30 Minuten

Kochzeit: 55 Minuten

Portionen: 4

Zutaten:

• 1 1/2 lbs. Flankensteak

• 1/4 Tasse Olivenöl

• 8 Unzen Ananasstücke im Saft

• 3 TL Currypulver

• 1 EL rotes Johannisbeergelee

• 1/2 TL Salz oder nach Geschmack

Wegbeschreibungen:

1.Stellen Sie das Flankensteak in eine flache Schale.

2.In einer Schüssel, kombinieren Sie Olivenöl, Ananasstücke in Saft, Currypulver, rote Johannisbeergelee, salz und pfeffer.

3.Pour die Mischung über Flankensteak.

4.Cover und kühlen für 4 Stunden.

5.Bringen Sie das Fleisch auf Raumtemperatur 30 Minuten, bevor Sie es auf den Grill legen.

6.Starten Sie Ihren Traeger-Grill, stellen Sie die Temperatur auf Hoch und vorheizen, Deckel geschlossen, für 10 bis 15 Minuten.

7.As der Regel sollten Sie Steaks bei großer Hitze grillen (450–500°F).

8.Grill etwa 7–10 Minuten pro Seite bei hohen Temperaturen oder 15-20 Minuten pro Seite bei den niedrigeren Temperaturen, oder nach Ihrer Vorliebe für Getanheit.

9.Entfernen Sie Flankensteak vom Grill und lassen Sie für 10 Minuten abkühlen.

10.Serve heiß.

Ernährung:

- Kalorien: 406.26

- Fett 26.1g

- Kohlenhydrate: 10.41g

- Faser: 1.85g

- Protein: 32.01g

Geräucherte Schweineschnitzel mit Caraway und Dill

Zubereitungszeit: 15 Minuten

Kochzeit: 1 Stunde 30 Minuten Portionen: 4

Zutaten:

- 4 Schweineschnitzel

- 2 Zitronen frisch gepresst

- 2 EL. frische Petersilie fein gehackt

- 1 EL gemahlener Weg

- 3 EL frischer Dill fein gehackt

- 1/4 Tasse Olivenöl

- Salz und gemahlener schwarzer Pfeffer

Wegbeschreibungen:

1. Legen Sie die Schweineschnitzel in einen großen wiederverschließbaren Beutel zusammen mit allen verbleibenden Zutaten; schütteln, um gut zu kombinieren.

2. Kühlen für mindestens 4 Stunden.

3.Entfernen Sie die Schweineschnitzel aus der Marinade und

klopfen Sie trocken auf ein Küchentuch.

4.Starten Sie den Traeger-Grill (empfohlener Ahorn-Traeger)

auf SMOKE mit geöffnetem Deckel, bis das Feuer hergestellt

ist. Die Temperatur auf 250°F einstellen und vorheizen, Deckel

geschlossen, für 10 bis 15 Minuten.

5.Arrange Schweineschnitzel auf dem Grillständer und

Rauchen für etwa 1 und eine halbe Stunde.

6.Erlauben Sie die Kühlung bei Raumtemperatur vor dem

Servieren.

Ernährung: Kalorien: 308 Kohlenhydrate: 2.4g Fett: 18.5g

Ballaststoffe: 0.36g Protein: 32g

Geräucherte Schweinelende in Süßbier-Marinade

Zubereitungszeit: 30 Minuten

Kochzeit: 2 Stunden 30 Minuten

Portionen: 6

Zutaten:

• Marinade

• 1 Zwiebel fein gewürfelt

• 1/4 Tasse Honig (vorzugsweise ein dunklerhonig)

• 1 1/2 Tassen dunkles Bier

• 4 EL Senf

• 1 EL frischer Thymian fein gehackt

• Salz und Pfeffer

• Schweinefleisch

• 3 1/2 lbs. Schweinelende

Wegbeschreibungen:

1.Kombinieren Sie alle Zutaten für die Marinade in einer

Schüssel.

2.Das Schweinefleisch zusammen mit Marinadenmischung in einen Behälter geben und über Nacht kühlen.

3.Entfernen Sie das Schweinefleisch aus der Marinade und trocknen Sie auf einem Küchentuch.

4.Bereiten Sie den Grill auf Rauch mit dem Deckel geöffnet, bis das Feuer festgestellt ist (4 bis 5 Minuten). Die Temperatur auf 250°F einstellen und vorheizen, Deckel geschlossen, für 10 bis 15 Minuten.

5.Legen Sie das Schweinefleisch auf den Grillständer und rauchen, bis die Innentemperatur des Schweinefleisches mindestens 145–150° F (mittel-selten), 2 und eine halbe bis 3 Stunden ist.

6.Entfernen Sie Fleisch aus dem Raucher und lassen Sie für 15 Minuten vor dem Schneiden ruhen.

7.Serve heiß oder kalt.

Ernährung:

- Kalorien: 444,6

- Kohlenhydrate: 17g

- Fett: 12.7g

- Faser: 0.8g

- Protein: 60.5g

Buttery Smoked Turkey Bier

Zubereitungszeit: 15 Minuten

Kochzeit: 4 Stunden

Portionen: 6

Zutaten:

• Ganzer Truthahn (4 lbs., 1.8-kg.)

Die Sole

• 2 Dosen Bier

• 1 EL Salz

• 2 EL weißer Zucker

• 1/4 Tasse Sojasauce

• 1-Quart kaltes Wasser

The Rub

• 3 EL ungesalzene Butter

• 1 TL geräucherter Paprika

• 1 1/2 TL Knoblauchpulver

• 1 TL Pfeffer

• 1/4 TL Cayennepfeffer

Wegbeschreibungen:

1.Pour Bier in einen Behälter dann Salz, weißen Zucker hinzufügen, und Sojasauce dann gut rühren.

2.Pute den Truthahn in die Solemischung kaltes Wasser über den Truthahn. Stellen Sie sicher, dass der Truthahn vollständig eingeweicht ist.

3.Den Truthahn mindestens 6 Stunden oder über Nacht in die Salzlake einweichen und im Kühlschrank aufbewahren, um ihn frisch zu halten.

4.Am nächsten Tag den Truthahn aus dem Kühlschrank nehmen und aus der Solemischung nehmen.

5.Waschen und spülen Sie den Truthahn dann trocken klopfen.

6.Als nächstes schließen Sie den Traeger Raucher an und füllen Sie den Trichter mit dem Traeger. Schalten Sie den Schalter ein.

7.Stellen Sie den Traeger Raucher für indirekte Wärme ein und stellen Sie dann die Temperatur auf 135 °C ein.

8.Öffnen Sie das Bier kann dann in die Putenhöhle schieben.

9.Stellen Sie den gewürzten Truthahn in den Traeger Raucher

und machen Sie ein Stativ mit der Bierdose und den beiden

Putenbeinen.

10.Rauchen Sie den Truthahn 4 Stunden oder bis die

Innentemperatur 77 °C erreicht hat.

11.Sobald es fertig ist, entfernen Sie den geräucherten

Truthahn aus dem Traeger Raucher und geben Sie ihn auf

eine Servierschüssel.

Ernährung:

• Kalorien: 229

• Kohlenhydrate: 34g

• Fett: 8g

• Protein: 3g

Barbecue Chili geräucherte Türkei Brust

Zubereitungszeit: 15 Minuten

Kochzeit: 4 Stunden 20 Minuten

Portionen: 8

Zutaten:

• Türkei Brust (3-lb., 1.4-kg.)

The Rub

• 3/4 TL Salz

• 1/2 TL Pfeffer

Die Glasur

• 1 EL Olivenöl

• 3/4 Tasse Ketchup

• 3 EL weißer Essig

• 3 EL brauner Zucker

• 1 EL geräucherter Paprika

• 3/4 TL Chilipulver

• 1/4 TL Cayennepulver

Wegbeschreibungen:

1.Score die Putenbrust an mehreren Stellen dann streuen Salz und Pfeffer darüber.

2.Lassen Sie die gewürzte Putenbrust für ca. 10 Minuten ruhen.

3.In der Zwischenzeit den Traeger-Raucher anschließen und dann den Trichter mit dem Traeger füllen. Schalten Sie den Schalter ein.

4.Stellen Sie den Traeger Raucher für indirekte Wärme ein und stellen Sie dann die Temperatur auf 135 °C ein.

5.Legen Sie die gewürzte Putenbrust in den Traeger Raucher und rauchen Sie für 2 Stunden.

6.In der Zwischenzeit Olivenöl, Ketchup, weißen Essig, braunen Zucker, geräucherten Paprika kombinieren; Chilipulver, Knoblauchpulver und Cayennepfeffer in einem Topf rühren und dann rühren, bis sie eingearbeitet sind. Warten Sie, um zu köcheln, dann von der Hitze entfernen.

7.Nach 2 Stunden des Rauchens, baste die Sauce über die Putenbrust und weiter rauchen für weitere 2 Stunden.

8.Sobald die Innentemperatur der geräucherten Putenbrust

77°C erreicht hat, entfernen Sie sie aus dem Traeger-Raucher

und wickeln Sie sie mit Aluminiumfolie.

9.Lassen Sie die geräucherte Putenbrust für ca. 15 Minuten bis

30 Minuten ruhen und dann auspacken.

10.Schneiden Sie die geräucherte Putenbrust in dicke Scheiben

und servieren Sie sie dann.

Ernährung:

• Kalorien: 290

• Kohlenhydrate: 2g

• Fett: 3g

• Protein: 63g

Geräuchertes Huhn in Ahorngeschmack

Zubereitungszeit: 30 Minuten

Kochzeit: 6 Stunden

Portionen: 1

Zutaten:

• Knochenlose Hühnerbrust (5 lbs., 2.3-kgs)

The Spice

• 1 EL Chipotle Pulver

• 1 1/2 TL Salz

• 2 TL. Knoblauchpulver

• 2 TL. Zwiebelpulver

• 1 TL Pfeffer

Die Glasur

• 1/2 Tasse Ahornsirup

Wegbeschreibungen:

1.Einen Raucher auf 107°C mit Holzkohle und

Ahornholzhackschnitzeln vorheizen.

2.Platz Chipotle, Salz, Knoblauchpulver, Zwiebelpulver und

Pfeffer in einer Schüssel dann mischen zu kombinieren.

3.Reiben Sie das Huhn mit der Gewürzmischung und legen

Sie es dann auf das Räucherregal.

4.Rauchen Sie das Huhn für 4 Stunden und bürsten Sie mit

Ahornsirup einmal pro Stunde.

5.Wenn die Innentemperatur 71 °C erreicht hat, entfernen Sie

die geräucherte Hähnchenbrust vom Raucher und geben Sie

sie auf eine Servierschüssel um.

6.Serve und genießen Sie sofort.

Ernährung:

• Kohlenhydrate: 27 g

• Protein: 19 g

• Natrium: 65 mg

• Cholesterin: 49 mg

Süßes geräuchertes Huhn in Schwarzem Tee Aroma

Zubereitungszeit: 30 Minuten

Kochzeit: 10 Stunden

Portionen: 1

Zutaten:

• Hühnerbrust (6 lbs., 2.7-kgs)

• Der Rub

• 1/4 Tasse Salz

• 2 EL. Chilipulver

• 2 EL. Chinesische Fünf-Gewürz

• 1 1/2 Tassen Braunzucker:

• 2 Tassen Schwarzer Tee

Wegbeschreibungen:

1.Place Salz, Chili-Pulver, chinesische Fünf-Gewürz und braunen Zucker: in einer Schüssel dann rühren zu kombinieren.

2.Rub die Hühnerbrust mit der Gewürzmischung dann über Nacht marinieren. Im Kühlschrank aufbewahren, um es frisch zu halten.

3.In morgen, einen Raucher auf 107°C mit Holzkohle und Hickory-Holzspänen vorheizen. Bereiten Sie indirekte Wärme vor.

4.Pour schwarzen Tee in eine Einweg-Aluminium-Pfanne dann in den Raucher platzieren.

5.Entfernen Sie das Huhn aus dem Kühlschrank und tauen Sie dann auf, während Sie auf den Raucher warten.

6.Sobald der Raucher die gewünschte Temperatur erreicht hat, legen Sie das Huhn auf das Rack des Rauchers.

7.Rauchen Sie die Hühnerbrust für 2 Stunden und überprüfen Sie dann, ob die Innentemperatur 71 °C erreicht hat.

8.Nehmen Sie die geräucherte Hähnchenbrust aus dem Raucher und übertragen Sie sie auf eine Servierschüssel.

9.Servieren und sofort genießen.

Ernährung:

- Kohlenhydrate: 27 g

- Protein: 19 g

- Natrium: 65 mg

- Cholesterin: 49 mg

Traeger geräucherter Rinderbraten

Zubereitungszeit: 10 Minuten

Kochzeit: 6 Stunden

Portionen: 6

Zutaten:

- 1-3/4 lb. Rindsirloin Spitze Braten

- 1/2 Tasse BBQ reiben

- 2 Flaschen Bernsteinbier

- 1 Flasche BBQ-Sauce

Wegbeschreibungen:

1. Drehen Sie den Traeger auf die Raucheinstellung.

2. Rub das Rindfleisch mit BBQ reiben, bis gut beschichtet

dann auf dem Grill. Lassen Sie 4 Stunden rauchen, während

Sie alle 1 Stunde umblättern.

3. Das Rindfleisch in eine Pfanne geben und das Bier

dazugeben. Das Rindfleisch sollte 1/2 Weg abgedeckt werden.

4. Das Rindfleisch bis zum Gabeltender aufrichten. Es dauert 3

Stunden auf dem Herd und 60 Minuten auf dem Instant-Topf.

5.Entfernen Sie das Rindfleisch aus dem Verbot und

reservieren Sie 1 Tasse der Kochflüssigkeit.

6.Verwenden Sie 2 Gabeln, um das Rindfleisch in kleine

Stücke zu zerkleinern und dann mit der reservierten

Aufzuchtflüssigkeit in die Pfanne zurückzukehren.

7.Add BBQ Sauce und rühren gut dann warm halten, bis zum

Servieren. Sie können auch aufwärmen, wenn es kalt wird.

Ernährung: Kalorien: 829 Fett: 46g gesättigte Fettsäuren: 18g

Kohlenhydrate: 4g Netto Kohlenhydrate: 4g Protein: 86g

Zucker: 0g Ballaststoffe: 0g Natrium: 181mmg

Traeger Rindfleisch Tenderloin

Zubereitungszeit: 10 Minuten

Kochzeit: 45 Minuten

Portionen: 6

Zutaten:

- 4 pfund Rinderfilet

- 3 EL Steak reiben

- 1 EL koscheres Salz

Wegbeschreibungen:

1.Den Traeger auf hohe Hitze vorheizen.

2.In der Zwischenzeit, trim überschüssiges Fett aus dem

Rindfleisch und schneiden Sie es in 3 Stücke.

3.Mantel das Steak mit reiben und koscherem Salz. Legen Sie

es auf den Grill.

4.Schließen Sie den Deckel und kochen Sie für 10 Minuten.

Öffnen Sie den Deckel, kippen Sie das Rindfleisch und kochen

Sie noch 10 Minuten.

5.Reduzieren Sie die Temperatur des Grills bis 225 °F und rauchen Sie das Rindfleisch, bis die Innentemperatur 130°F erreicht.

6.Entfernen Sie das Rindfleisch vom Grill und lassen Sie sich für 15 Minuten vor dem Schneiden und Servieren ruhen.

Ernährung:

- Kalorien: 999 Fett: 76g

- Gesättigtes Fett: 30g Kohlenhydrate: 0g

- Netto Kohlenhydrate: 0g Protein: 74g

- Zucker: 0g Ballaststoffe: 0g

- Natrium: 1234mmg

Zarte gegrillte Lötenkoteletts

Zubereitungszeit: 10 Minuten

Kochzeit: 12 bis 15 Minuten

Portionen: 6

Zutaten:

Traeger: Jede

• 6 knochenlose Fokus geschnitten Mittelteil Schweinespalte, 1 bis 1 1 1/2 Zoll dick 2 Quarts Pork Brine

• 2 EL geröstetes Knoblauch-gewürztes extra natives Olivenöl

• 2 TL schwarzer Pfeffer

Wegbeschreibungen:

1. Trim Fülle Fett und Silber Haut aus dem Schweinefleisch Schrägstriche.

2. Legen Sie die Schweineschlitze und Sole in eine 1-Gallonen-Verschließbarpackung und kühlen Sie für in jedem Fall 12 Stunden oder mittelfristig.

3. Entfernen Sie die Schweineschlitze aus der Sole und klopfen Sie sie trocken mit Papiertüchern.

4.Brined Schweinefleisch Hacks kochen schneller als un-

brined Cleaves, so achtsam sein, um interne Temperaturen zu

überprüfen.

5.Rest das Schweinefleisch schneidet unter einem Folienzelt

für 5 Minuten vor dem Servieren.

Ernährung:

•Kalorien: 211

•Protein: 17 g

•Fett: 21 g

Ahorn Bourbon Türkei

Zubereitungszeit: 15 Minuten

Kochzeit: 3 Stunden

Portionen: 8

Zutaten:

- 1 (12 Pfund) Truthahn

- 8 Tasse Hühnerbrühe

- 1 Stockbutter (aufgeweicht)

- 1 TL Thymian

- 2 Knoblauchzehe (gehackt)

- 1 TL getrocknetes Basilikum

- 1 TL Pfeffer

- 1 TL Salz

- 1 EL gehackter Rosmarin

- 1 TL Paprika

- 1 Zitrone (verkeilt)

- 1 Zwiebel

- 1 orange (verkeilt)

- 1 Apfel (verkeilt)

Ahorn Bourbon Glasur:

- 3/4 Tasse Bourbon

- 1/2 Tasse Ahornsirup

- 1 Stockbutter (geschmolzen)

- 1 EL Limette

Wegbeschreibungen:

1. Waschen Sie das Putenfleisch innen und außen unter kaltem fließendem Wasser.

2. Fügen Sie die Zwiebel, Zitrone, Orange und Apfel in die Putenhöhle.

3. In einer Rührschüssel Butter, Paprika, Thymian, Knoblauch, Basilikum, Pfeffer, Salz, Basilikum und Rosmarin kombinieren.

4. Bürsten Sie den Truthahn großzügig mit der Kräuterbuttermischung.

5.Stellen Sie ein Rack in eine Bratpfanne und legen Sie den Truthahn auf das Rack. 5 Tassen Hühnerbrühe in den Boden der Bratpfanne geben.

6.Vorheizen Sie den Grill auf 350°F mit Deckel für 15 Minuten geschlossen, mit Ahorn traegers.

7.Stellen Sie die Bratpfanne in den Grill und kochen für 1 Stunde.

8.Mittlerweile, kombinieren Sie alle Ahorn Bourbon Glasur Zutaten in einer Mischschüssel. Mischen, bis gut kombiniert.

9.Baste den Truthahn mit einer Glasurmischung. Weiter kochen, Pute alle 30 Minuten basten und mehr Brühe nach Bedarf für 2 Stunden hinzufügen, oder bis die Innentemperatur des Truthahns 165°F erreicht.

10.Nehmen Sie den Truthahn vom Grill und lassen Sie ihn für ein paar Minuten ruhen. In Scheiben schneiden und servieren.

Ernährung:

- Kalorien: 1536

- Fett 58.6g

- Kohlenhydrate: 24g

- Protein: 20.1g

Hoisin Turkey Wings

Zubereitungszeit: 15 Minuten

Kochzeit: 1 Stunde

Portionen: 8

Zutaten:

- 2 Pfund Putenflügel

- 1/2 Tasse Hoisinsauce

- 1 EL Honig

- 2 TL Sojasauce

- 2 Knoblauchzehen (gehackt)

- 1 TL frisch geriebener Ingwer

- 2 TL Sesamöl

- 1 TL Pfeffer oder nach Geschmack

- 1 TL Salz oder nach Geschmack

- 1/4 Tasse Ananassaft

- 1 EL gehackte grüne Zwiebeln

- 1 EL Sesamsamen

- 1 Zitrone (in Keile geschnitten)

Wegbeschreibungen:

1.In einen riesigen Behälter, kombinieren Sie Honig, Knoblauch, Ingwer, Soja, Hoisinsauce, Sesamöl, Pfeffer und Salz. Legen Sie die ganze Mischung in eine Ziploc-Tasche und fügen Sie die Flügel. Kühlen Sie für 2 Stunden.

2.Entfernen Sie den Truthahn aus der Marinade und reservieren Sie die Marinade. Lassen Sie den Truthahn für ein paar Minuten ruhen, bis es bei Raumtemperatur ist.

3.Vorheizen Sie Ihren Grill auf 300°F mit dem Deckel für 15 Minuten geschlossen.

4.Ordnen Sie die Flügel in einen Grillkorb und legen Sie den Korb auf den Grill.

5.Grill für 1 Stunde oder bis die Innentemperatur der Flügel 165°F erreicht.

6.In der Zwischenzeit die reservierte Marinade bei mittlerer Hitze in einen Topf gießen. Den Ananassaft unterrühren.

7.Warten Sie zu kochen, dann reduzieren Sie die Hitze und köcheln, bis die Sauce verdickt.

8.Bürsten Sie die Flügel mit Sauce und kochen für 6 Minuten

mehr. Entfernen Sie die Flügel von der Hitze.

9.Servieren und garnieren Sie es mit grünen Zwiebeln,

Sesamsamen und Zitronenkeile.

Ernährung:

•Kalorien: 115

•Fett: 4.8g

•Kohlenhydrate: 11.9g

•Protein: 6.8g

Geräuchertes Wild

Zubereitungszeit: 10 Minuten

Kochzeit: 2 Stunden

Portionen: 4

Zutaten:

• 1 Lb. Wildtenderloin

• 1/4 Tasse Zitronensaft

• 1/4 Tasse Olivenöl

• 5 gehackte Knoblauchzehen

• 1 TL Salz

• 1 TL gemahlener schwarzer Pfeffer

Wegbeschreibungen:

1.Beginnen Sie, indem Sie das ganze Wild Filetlin, in eine

Tasche im Reißverschlussstil oder eine große Schüssel legen.

2.Zitronensaft, Olivenöl, Knoblauch, Salz und Pfeffer in eine

Küchenmaschine geben

3.Verarbeiten Sie Ihre Zutaten, bis sie sehr gut integriert sind

4.Gießen Sie die Marinade auf dem Wild; dann massieren Sie

es in sehr gut

5.Kühlen und für ca. 4 Stunden oder eine Übernachtung

marinieren lassen

6.Wenn Sie bereit sind zu kochen; entfernen Sie einfach das

Wild aus Ihrer Marinade und spülen Sie es sehr gut ab.

7.Das Fleisch trocken trocknen lassen und ca. 30 Minuten auf

Raumtemperatur kommen lassen, bevor man es kocht

8.In der Zwischenzeit Ihren Raucher auf eine Temperatur von

ca. 225°F vorheizen

9.Rauchen Sie das Tenderloin für ca. 2 Stunden

10.Lassen Sie das Fleisch für etwa 10 Minuten ruhen, bevor Sie

es schneiden

11.Top mit schwarzem Pfeffer; dann servieren und genießen

Sie Ihr Gericht!

Ernährung:

- Kalorien: 300

- Fett: 17g

- Kohlenhydrate: 3g

- Faser: 0g

- Protein: 33g

Gemüse und vegetarische

Rezepte

Geräucherter Blumenkohl

Zubereitungszeit: 15 Minuten

Kochzeit: 10 Minuten

Portionen: 3-4

Zutaten:

• 1 Kopf Blumenkohl

• 1 Tasse Parmesankäse

• 1 EL Olivenöl

• 2 Zerkleinerte Knoblauchzehen

• 1/4 TL. Paprika

• 1/2 TL Salz

• 1/2 TL Pfeffer

Wegbeschreibungen:

1.Starten Sie Ihren Traeger Rauchergrill mit geöffnetem

Deckel für ca. 4 bis 5 Minuten

2.Stellen Sie die Temperatur auf ca. 180°F und vorheizen mit

dem Deckel für ca. 10 bis 15 Minuten geschlossen

3.Schneiden Sie den Blumenkohl in Blüten von mittlerer Größe; dann legen Sie den Blumenkohl direkt auf den Rost und mischen Sie alle Zutaten mit Ausnahme des Käses

4.Nach ca. 1 Stunde entfernen Sie den Blumenkohl; dann den Rauchergrill für ca. 10 bis 15 Minuten hoch drehen

5.Bürsten Sie den Blumenkohl mit der Mischung der Zutaten und legen Sie ihn auf ein Blatt Tablett

6.Stellen Sie den Blumenkohl für ca. 10 Minuten wieder auf den Rost

7.Sprinkle mit dem Parmesankäse

8.Serve und genießen Sie Ihren geräucherten Blumenkohl!

Ernährung:

- Kalorien: 60
- Fett: 3.6g
- Kohlenhydrate: 3.1g
- Faser: 1g
- Protein: 4g

Geräucherte Deviled Eggs

Zubereitungszeit: 15 Minuten Kochzeit: 30 Minuten

Portionen: 5 Zutaten:

• 7 hartgekochte Eier, geschält

• 3 EL Mayonnaise

• 3 EL Schnittlauch, gewürfelt

• 1 EL brauner Senf

• 1 EL Apfelessig

• Dash heiße Sauce

• Salz und Pfeffer

• 2 EL gekochter Speck, zerbröselt

• Paprika nach Geschmack

Wegbeschreibungen:

1. Den Traeger 15 Minuten lang mit geschlossenem Deckel auf 180°F vorheizen.

2. Legen Sie die Eier auf den Grillrost und rauchen Sie die Eier für 30 Minuten. Die Eier vom Grill nehmen und abkühlen lassen.

3.Halbe Eier und schaufeln Sie die Eigelbe in einen Ziploc-Beutel.

4.Fügen Sie alle anderen Zutaten in der Ziploc Tasche außer Speck und Paprika. Mischen Sie, bis glatt.

5.Pfeifen Sie die Mischung in das Eiweiß dann mit Speck und Paprika aufziehen.

6.Lassen Sie ruhe dann dienen und genießen.

Ernährung:Kalorien: 140 Fett: 12g gesättigte Fettsäuren: 3g

Kohlenhydrate: 1g Netto Kohlenhydrate: 1g Protein: 6g

Zucker: 0g Ballaststoffe: 0g Natrium: 210mg Kalium: 100mg

Traeger Gegrillte gefüllte Zucchini

Zubereitungszeit: 5 Minuten

Kochzeit: 11 Minuten

Portionen: 8

Zutaten:

• 4 Zucchini

• 5 EL Olivenöl

• 2 EL rote Zwiebel, gehackt

• 1/4 EL Knoblauch, gehackt

• 1/2 Tasse Brotkrümel

• 1/2 Tasse Mozzarella-Käse, geschreddert

• 1 EL frische Minze

• 1/2 EL Salz

• 3 EL Parmesankäse

Wegbeschreibungen:

1.Schneiden Sie die Zucchini längs und schaufeln Sie das

Fruchtfleisch aus und bürsten Sie die Schalen mit Öl. In einer

Antihaftpfanne Sauté Zellstoff, Zwiebel, und Restöl.

Knoblauch hinzufügen und eine Minute kochen.

2.Fügen Sie Brotkrümel und kochen bis goldbraun. Von der

Hitze nehmen und Mozzarella-Käse, frische Minze und Salz

unterrühren.

3.Spoon die Mischung in die Schalen und streuen

Parmesankäse. 10 Minuten in einen Grill geben oder bis die

Zucchini zart ist.

Ernährung:Kalorien: 186 Fett: 10g Gesättigte Fettsäuren: 5g

Kohlenhydrate: 17g Netto Kohlenhydrate: 14g Protein: 9g

Zucker: 4g Ballaststoffe: 3g Natrium: 553mg

Gebratenes Herbstgemüse

Zubereitungszeit: 10 Minuten

Kochzeit: 35 Minuten

Portionen: 8

Zutaten:

- 1/2 Pfund Kartoffeln

- 1/2 Pfund Brusselsprossen, halbiert

- 1/2 Pfund Butternuss-Kürbis, Würfel

- 1-Pint Cremini Pilze, halbiert

- 1 EL Salz

- 3/4 EL gemahlener schwarzer Pfeffer

- 2 EL Olivenöl

Wegbeschreibungen:

1.In der Zwischenzeit eine große Schüssel nehmen, Kartoffeln hineinlegen, Salz und schwarzen Pfeffer hinzufügen, mit Öl beträchen und dann werfen, bis sie beschichtet sind. Nehmen Sie ein Blech tablett und verteilen Sie dann gewürzte Kartoffeln darauf. Wenn der Grill vorgeheizt ist, legen Sie eine Blechpfanne mit Kartoffeln auf das Gitterregal und dann grillen für 15 Minuten. Dann Pilze und Sprossen in die Pfanne geben, beschichten und dann 20 Minuten weiter grillen, bis sich das ganze Gemüse schön gebräunt und gründlich gekocht hat. Sofort servieren.

Ernährung: Kalorien: 80 Kohlenhydrate: 7g Fett: 6g Protein: 1g

Zimtmandeln

Zubereitungszeit: 15 Minuten Kochzeit: 1 Stunde und 30

Minuten

Portionen: 4

Zutaten:

- 1 Pfund Mandeln

- 1/2 Tasse granulierter Zucker

- 1/2 Tasse brauner Zucker

- 1 EL Zimt

- 1/8 TL Salz

- 1 Eiweiß

Wegbeschreibungen:

1. In der Zwischenzeit eine kleine Schüssel nehmen, Eiweiß

hineinlegen und dann bis schaumig rühren.

2. Fügen Sie die restlichen Zutaten für die Würze darin,

Schneebesen, bis gemischt, dann Mandeln und werfen, bis gut

beschichtet.

3.Nehmen Sie eine Blechpfanne und dann Mandelmischung darin verteilen.

4.Wenn der Grill vorgeheizt ist, legen Sie eine Blechpfanne mit Mandelmischung auf den Grillund und Grill für 90 Minuten, bis Mandeln geröstet haben, alle 10 Minuten rühren.

5.Überprüfen Sie das Feuer nach einer Stunde Rauchen und fügen Sie bei Bedarf weitere Holzpaletten hinzu.

6.Wenn fertig, entfernen Sie die Blechpfanne vom Grill, lassen Sie es leicht abkühlen und dann servieren.

Ernährung:Kalorien: 136.9 Kohlenhydrate: 15g Fett: 8g

Protein: 3g

Fisch & Meeresfrüchte
Rezepte

Ganzer Vermillion Snapper

Zubereitungszeit: 15 Minuten

Kochzeit: 25 Minuten

Portionen: 6

Zutaten:

• 2 Rosmarinfedern

• 4 Knoblauchzehen, gehackt (geschält)

• 1 Zitrone, dünn geschnitten

• Schwarzer Pfeffer

• Meersalz

• 1 Vermillion Snapper, entkernt und skaliert

Wegbeschreibungen:

1. Den Grill mit einem geschlossenen Deckel zu hoch heizen.

2. Füllen Sie den Fisch mit Knoblauch. Mit Rosmarin,

schwarzem Pfeffer, Meersalz und Zitronenscheiben bestreuen.

3. Grill für 25 Minuten.

Ernährung:

- Kalorien: 240

- Protein: 43g

- Kohlenhydrate: 0g

- Fett: 3g

- Faser: 0g

Geräucherter Seebarsch

Zubereitungszeit: 10 Minuten

Kochzeit: 40 Minuten

Portionen: 4

Zutaten:

Marinade

- 1 TL geschwärzten Saskatchewan

- 1 EL Thymian, frisch

- 1 EL Oregano, frisch

- 8 Knoblauchzehen, zerkleinert

- 1 Zitrone, der Saft

- 1/4 Tasse Öl

- Sea Bass

- 4 Seebarschfilets, Haut aus

- Chicken Rub Würze

- Meeresfrüchte-Gewürz (wie Old Bay)

- 8 EL Goldbutter

Zum Garnieren

- Thymian

- Zitrone

Wegbeschreibungen:

1.Make the marinade: In einer Ziploc Tasche kombinieren Sie die Zutaten und mischen. Die Filets dazugeben und 30 min im Kühlschrank marinieren. Drehen Sie einmal.

2.Den Grill mit geschlossenem Deckel auf 325F vorheizen.

3.In eine Schüssel zum Backen fügen Sie die Butter. Den Fisch aus der Marinade nehmen und in die Backform gießen. Den Fisch mit Huhn und Meeresfrüchten reiben. Legen Sie es in die Backform und auf den Grill. Kochen Sie 30 Minuten. Baste 1 - 2 mal.

4.Entfernen Sie vom Grill, wenn die Innentemperatur 160°F ist.

5.Garnish mit Zitronenscheiben und Thymian.

Ernährung:

- Kalorien: 220

- Protein: 32g

- Kohlenhydrate: 1g

- Faser: 0g

- Fett: 8g

Thunfisch-Burger

Zubereitungszeit: 30 Minuten

Kochzeit: 15 Minuten

Portionen: 4

Zutaten:

- 2 lbs. Thunfischsteak, gemahlen

- 2 Eier

- 1 Paprika, gewürfelt

- 1 TL Worcestershire oder Sojasauce

- 1 Zwiebel, Gewürfelt

- 1 EL Lachs reiben Würze

- 1 EL Saskatchewan Würze

Wegbeschreibungen:

1.In eine große Schüssel kombinieren Die Lachswürze, Saskatchewan Würze, Paprika, Zwiebel, Soja/Worcestershire-Sauce, Eier und Thunfisch. Gut mischen. Ölen Sie die Hände, machen Patties.

2.Preheat den Grill zu hoch.

3.Grill die Thunfisch-Patties für 10 - 15 min. Flip nach 7
Minuten.

Ernährung:

- Kalorien: 236 Protein: 18g

- Kohlenhydrate: 1g

- Fett: 5g

- Faser: 0.7g

Gegrillte Muscheln mit Knoblauchbutter

Zubereitungszeit: 10 Minuten

Kochzeit: 8 Minuten

Portionen: 6 - 8

Zutaten:

• 1 Zitrone, geschnittene Keile

• 1 2 TL Anis - aromatisierender Likör

• 2 EL. Petersilie, gehackt

• 2- 3 Knoblauchzehen, gehackt

• 8 EL Butter, Stücke

• 24 Littleneck Muscheln

Wegbeschreibungen:

1.Reinigen Sie die Muscheln mit kaltem Wasser. Verwerfen Sie

diejenigen, die mit kaputten Schalen sind oder nicht schließen.

2.Den Grill mit geschlossenem Deckel auf 450°F vorheizen.

3.In einer Auflaufform Saft aus 2 Keile pressen und Petersilie,

Knoblauch, Butter und Likör hinzufügen. Ordnen Sie die

kleinen Muscheln auf dem Rost. Grill 8 Minuten, bis zum Öffnen. Verwerfen Sie diejenigen, die nicht geöffnet werden.

4.Übertragen Sie die Muscheln auf die Backform.

5.Servieren Sie in einer flachen Schale mit Zitronenkeile.

Genießen!

Ernährung:

• Kalorien: 273 Protein: 4g

• Kohlenhydrate: 0.5g Faser: 0g

• Fett: 10g

Einfaches, aber köstliches Fischrezept

Zubereitungszeit: 45 Minuten

Kochzeit: 10 Minuten

Portionen: 4 - 6

Zutaten:

- 4 lbs. Fisch schneiden Sie es in Stücke (Portionsgröße)

- 1 EL gehackter Knoblauch

- 1/3 Tasse Olivenöl

- 1 Tasse Sojasauce

- Basilikum, gehackt

- 2 Zitronen, der Saft

Wegbeschreibungen:

1. Den Grill mit einem geschlossenen Deckel auf 350°F vorheizen.

2. Kombinieren Sie die Zutaten in einer Schüssel. Rühren zu kombinieren. Marinade den Fisch für 45 min.

3. Grill enden sie, bis sie 145F Innentemperatur erreicht.

4. Serve mit Ihrer Lieblings-Beilage und genießen!

Ernährung:

- Kalorien: 153

- Protein: 25g

- Kohlenhydrate: 1g

- Faser: 0.3g

- Fett: 4g

Rub und Saucen Rezepte

Geräucherte Pilzsauce

Zubereitungszeit: 30 Minuten

Kochzeit: 1 Stunde

Portionen: 4

Zutaten:

• 1-Quart Koch Mischen Pilze

• 2 EL Rapsöl

• 1/4 Tasse julienned Schalotten

• 2 EL gehackter Knoblauch

• Salz und Pfeffer nach Geschmack

• 1/4 Tasse Alfasi Cabernet Sauvignon

• 1 Tasse Rinderbrühe

• 2 EL Margarine

Wegbeschreibungen:

1.Crumple vier Folienblätter in Kugeln. Mehrere Stellen in der

Folienpfanne punktieren und Pilze in die Folienpfanne legen.

Rauch in einem Traeger Grill für ca. 30 Minuten. Entfernen

und abkühlen lassen.

2.Rapsöl in einer Pfanne erhitzen, anbraten, Schalotten

hinzufügen und bis zum Durchscheinen anbraten.

3.Fügen Sie Pilze und kochen, bis geschmeidig und gerendert.

4.Knoblauch hinzufügen und mit Pfeffer und Salz

abschmecken. Kochen, bis duftend.

5.Fügen Sie Rindfleischbrühe und Wein dann kochen für etwa

6-8 Minuten bei niedriger Hitze. Die Würze anpassen.

6.Add Margarine und rühren, bis Sauce verdickt ist und einen

schönen Glanz.

7.Serve und genießen!

Ernährung:

•Kalorien: 300

•Fett: 30g

•Kohlenhydrate: 10g

•Protein: 4g

Faser: 0g

Käse und Brot

Berry Cobbler auf einem Traeger Grill

Zubereitungszeit: 15 Minuten

Kochzeit: 35 Minuten

Portionen: 8

Zutaten:

Für die Fruchtfüllung

- 3 Tassen gefrorene gemischte Beeren

- Zitronensaft

- 1 Tasse brauner Zucker

- 1 EL Vanilleextrakt

- 1 EL Zitronenschale, fein gerieben

- Eine Prise Salz

Für Schuster-Topping

- 1-1/2 Tassen Allzweckmehl

- 1-1/2 EL Backpulver

- 3 EL Zucker, granuliert

- 1/2 EL Salz

- 8 EL kalte Butter

- 1/2 Tasse saure Sahne

- 2 EL.raw Zucker

Wegbeschreibungen:

1.Stellen Sie Ihren Traeger-Grill auf "Rauch" für etwa 4-5

Minuten mit dem Deckel geöffnet, bis das Feuer etabliert und

Ihr Grill beginnt zu rauchen.

2.Vorheizen Sie Ihren Grill auf 350°F für ca. 10-15 Minuten mit

dem Grilldeckel geschlossen.

3.In der Zwischenzeit, kombinieren gefrorene gemischte

Beeren, Zitronensaft, braunen Zucker, Vanille, Zitronenschale,

und eine Prise Salz. In eine Pfanne geben und die Früchte

sitzen lassen und auftauen lassen.

4.Mix Mehl, Backpulver, Zucker und Salz in einer Schüssel,

mittel. Kalte Butter mit einem Teigmixer in Erbsengrößen

schneiden und dann in die Mischung geben. Rühren, um alles miteinander zu mischen.

5.Stir in saure Sahne, bis Teig beginnt zusammen zu kommen.

6.Pinch kleine Stücke Teig und legen Sie über die Frucht, bis vollständig bedeckt. Die Oberseite mit Rohzucker bespritzen.

7.Jetzt legen Sie die Pfanne direkt auf den Grill Rost, schließen Sie den Deckel und kochen für etwa 35 Minuten, bis Säfte Sprudel, und ein goldbrauner Teig Topping.

8.Entfernen Sie die Pfanne vom Traeger-Grill und kühlen Sie sie für einige Minuten ab.

9.Scoop und servieren warm.

Ernährung:

• Kalorien: 371 Fett: 13g

• Gesättigtes Fett: 8g

• Kohlenhydrate: 60g

• Netto Kohlenhydrate: 58g

• Protein: 3g

• Zucker: 39g

- Faser: 2g

- Natrium: 269mg

- Kalium: 123mg

Nuss, Obst und Dessert

Gegrillte Ananas mit Schokoladensauce

Zubereitungszeit: 10 min

Kochzeit: 25 min

Portionen: 6 bis 8

Zutaten:

•1 Ananas

•8 Unzen bittersüße Schokoladenchips

•1/2 Tasse gewürzter Rum

•1/2 Tasse Schlagsahne

•2 EL hellbrauner Zucker

Wegbeschreibungen:

1.Preheat Traeger Grill auf 400°F.

2.De die Ananas häuten und anas in 1 würfeln.

3.In einen Topf, kombinieren Sie Schokoladenchips. Wenn Die Chips zu schmelzen beginnen, fügen Sie Rum in den Topf. Weiter rühren, bis kombiniert, und dann fügen Sie einen Spritzer der Ananas Saft.

4.In Schlagsahne geben und die Mischung weiter rühren.

Sobald die Sauce glatt und verdickt ist, senken Sie die Hitze,

um sie köcheln zu lassen und warm zu halten.

5.Thread Ananaswürfel auf Spieße. Spieße mit braunem

Zucker bestreuen.

6.Stellen Sie Spieße auf den Grillrost. Grillen Sie für ca. 5

Minuten pro Seite, oder bis Grillmarken beginnen zu

entwickeln.

7.Entfernen Sie Spieße vom Grill und lassen Sie sich auf einem

Teller für ca. 5 Minuten ruhen. Neben warmer

Schokoladensauce zum Tauchen servieren.

Ernährung:

• Kalorien: 112,6

• Fett: 0.5 g

• Cholesterin: 0

• Kohlenhydrate: 28,8 g

• Faser: 1,6 g

• Zucker: 0,1 g

- Protein: 0,4 g

Nektarine und Nutella Sundae

Zubereitungszeit: 10 min

Kochzeit: 25 min

Portionen: 4

Zutaten:

• 2 Nektarinen, halbiert und entsteint

• 2 TL Honig

• 4 EL. Nutella

• 4 Kugeln Vanilleeis

• 1/4 Tasse Pekannüsse, gehackt

• Schlagsahne, nach oben

• 4 Kirschen, nach oben

Wegbeschreibungen:

1. Preheat Traeger Grill auf 400°F.

2. Schneiden Sie Nektarinen in die Hälfte und entfernen Sie die

Gruben.

3. Bürsten Sie die Innenseite (schnittseite) jeder

Nektarinenhälfte mit Honig.

4.Stellen Sie Nektarinen direkt auf den Grillrost, seitlich nach unten schneiden. Kochen Sie für 5-6 Minuten, oder bis Grillmarken entwickeln.

5.Flip Nektarinen und kochen auf der anderen Seite für ca. 2 Minuten.

6.Entfernen Sie Nektarinen vom Grill und lassen Sie es abkühlen.

7.Füllen Sie die Grubenhöhle auf jeder Nektarinenhälfte mit 1 EL Nutella.

8.Platz 1 Kugel Eis auf Nutella. Top mit Schlagsahne, Kirschen und zerstreuen gehackte Pekannüsse. Servieren und genießen!

Ernährung:

•Kalorien: 90

•Fett: 3 g

•Cholesterin: 0

•Kohlenhydrate: 15g

•Faser: 0

•Zucker: 13 g

Protein: 2 g

Lamm Rezepte

Lammkoteletts mit Rosmarin und Olivenöl

Zubereitungszeit: 10 Minuten

Kochzeit: 50 Minuten

Portionen: 4

Zutaten:

• 12 Lammlenkoteletts, Fett getrimmt

• 1 EL gehackte Rosmarinblätter

• Salz nach Bedarf für trockenes Brünen

• Jeffs originale Reibe nach Bedarf

• 1/4 Tasse Olivenöl

Wegbeschreibungen:

1. Nehmen Sie ein Keksblatt, legen Sie Lammkoteletts darauf, bestreuen Sie mit Salz, und dann für 2 Stunden kühl stellen.

2. In der Zwischenzeit eine kleine Schüssel nehmen, Rosmarinblätter hineinlegen, Öl einrühren und die Mischung 1 Stunde stehen lassen.

3. Wenn bereit zu kochen, schalten Sie den Traeger Grill, füllen Sie den Grilltrichter mit Apfel-Geschmack Traegers, schalten

Sie den Grill mit dem Bedienfeld, wählen Sie "Rauch" auf dem Temperaturzifferblatt, oder stellen Sie die Temperatur auf 225 °F und lassen Sie es für mindestens 5 Minuten vorheizen.

4.In der Zwischenzeit, Bürste Rosmarin-Öl-Mischung auf allen Seiten von Lammkoteletts und dann mit Jeffs original reiben bestreuen.

5.Wenn der Grill vorgeheizt ist, öffnen Sie den Deckel, legen Lammkoteletts auf den Grillrost, schließen Sie den Grill und rauchen Sie für 50 Minuten, bis die Innentemperatur der Lammkoteletts 138°F erreicht.

6.Wenn fertig, wickeln Lammkoteletts in Folie, lassen Sie sie für 7 Minuten ruhen und dann servieren.

Ernährung:

•Kalorien: 171,5

•Fett: 7,8 g

•Kohlenhydrate: 0,4 g

•Protein: 23,2 g

•Faser: 0,1

Knochenloses Lammbein

Zubereitungszeit: 10 Minuten

Kochzeit: 4 Stunden

Portionen: 4

Zutaten:

• 2 1/2 Pfund Bein Lamm, knochenlos, Fett getrimmt

Für die Marinade:

• 2 TL gehackter Knoblauch

• 1 EL gemahlener schwarzer Pfeffer

• 2 EL Salz

• 1 TL Thymian

• 2 EL Oregano

• 2 EL Olivenöl

Wegbeschreibungen:

1.Nehmen Sie eine kleine Schüssel; Alle Zutaten für die

Marinade hineinlegen und dann rühren, bis sie kombiniert

sind.

2.Rub die Marinade auf allen Seiten des Lammes, dann legen Sie es in einem großen Blatt, Decken Mit einer Plastikfolie und marinieren für mindestens 1 Stunde im Kühlschrank.

3.Wenn bereit zu kochen, schalten Sie den Traeger Grill, füllen Sie den Grilltrichter mit Apfel-Geschmack Traegers, schalten Sie den Grill mit dem Bedienfeld, wählen Sie "Rauch" auf dem Temperaturzifferblatt, oder stellen Sie die Temperatur auf 250°F und lassen Sie es für mindestens 5 Minuten vorheizen.

4.In der Zwischenzeit,

5.Wenn der Grill vorgeheizt ist, öffnen Sie den Deckel, legen Sie das Lamm auf den Grillrost, und schließen Sie den Grill, und rauchen Sie für 4 Stunden, bis die Innentemperatur 145°F erreicht.

6.Wenn fertig, Lamm auf ein Schneidebrett geben, lassen Sie es für 10 Minuten stehen, dann schnitzen Sie es in Scheiben und servieren.

Ernährung:

- Kalorien: 213

- Fett: 9 g

- Kohlenhydrate: 1 g

- Protein: 29 g

- Faser: 0 g

Geräucherte Lammschulter

Zubereitungszeit: 10 Minuten

Kochzeit: 4 Stunden

Portionen: 6

Zutaten:

•8 Pfund Lamm schulter, Fett getrimmt

•2 EL Olivenöl

•Salz nach Bedarf

Für den Rub:

•1 EL getrockneter Oregano

•2 EL Salz

•1 EL zerkleinertes getrocknetes Lorbeerblatt

•1 EL Zucker

•2 EL getrockneter zerkleinerter Salbei

•1 EL getrockneter Thymian

•1 EL gemahlener schwarzer Pfeffer

•1 EL getrocknetes Basilikum

•1 EL getrockneter Rosmarin

•1 EL getrocknete Petersilie

Wegbeschreibungen:

1.Schalten Sie den Traeger-Grill ein, füllen Sie den Grilltrichter

mit Kirsche aromatisierten Traegers, schalten Sie den Grill mit

dem Bedienfeld ein, wählen Sie "Rauch" auf dem

Temperaturrad, oder stellen Sie die Temperatur auf 250°F ein

und lassen Sie ihn mindestens 5 Minuten vorheizen.

2.In der Zwischenzeit, bereiten Sie die Reibe und dafür,

nehmen Sie eine kleine Schüssel, legen Sie alle seine Zutaten

in sie und rühren, bis gemischt.

3.Bürste Lamm mit Öl und dann mit vorbereiteten reiben

bestreuen, bis gleichmäßig beschichtet.

4.Wenn der Grill vorgeheizt hat, öffnen Sie den Deckel, legen

Lamm sollte auf dem Grill Rost Fett-Seite nach oben, schließen

Sie den Grill, und rauchen für 3 Stunden.

5.Dann ändern Sie die Rauchtemperatur auf 325 °F und weiter

rauchen für 1 Stunde, bis Fett gerendert, und die

Innentemperatur erreicht 195°F.

6.Wenn fertig, wickeln Lamm sollte in Aluminiumfolie und lassen Sie es für 20 Minuten ruhen.

7.Pull Lamm Schulter mit zwei Gabeln und dann servieren.

Ernährung:

- Kalorien: 300

- Fett: 24 g

- Kohlenhydrate: 0 g

- Protein: 19 g

- Faser: 0 g

Vorspeisen und Seiten

Rauchige karamellisierte Zwiebeln auf dem Traeger Grill

Zubereitungszeit: 5 Minuten

Kochzeit: 60 Minuten

Portionen: 4

Zutaten:

• 5 große, in Scheiben geschnittene Zwiebeln

• 1/2 Tasse Fett Ihre Wahl

• Pinch Meersalz

Wegbeschreibungen:

1. Legen Sie alle Zutaten in eine Pfanne. Für eine tiefreiche braun karamellisierte Zwiebel, kochen Sie sie für etwa 1 Stunde auf einem Herd.

2. Halten Sie die Grilltemperaturen nicht höher als 250 - 275°F.

3. Jetzt die Pfanne in den Grill übertragen.

4. Cook für ca. 1-11/2 Stunden bis braun in der Farbe. Überprüfen und rühren Sie mit einem Löffel, Holz, nach alle 15 Minuten. Achten Sie darauf, nicht aus Traegers laufen.

5.Jetzt vom Grill entfernen und bei Bedarf mit mehr Salz

abschmecken.

6.Sofort servieren oder bis zu 1 Woche in einen Kühlschrank

stellen.

Ernährung: Kalorien: 286 Fett: 25.8g Gesättigte Fettsäuren:

10.3g Kohlenhydrate: 12.8g Netto Kohlenhydrate: 9.8g Protein:

1.5g Zucker: 5.8g Ballaststoffe: 3g Natrium: 6mg Kalium:

201mg

Hickory geräucherte grüne Bohnen

Zubereitungszeit: 15 Minuten

Kochzeit: 3 Stunden

Portionen: 10

Zutaten:

•6 Tassen frische grüne Bohnen, halbiert und Enden

abgeschnitten

•2 Tassen Hühnerbrühe

•1 EL Pfeffer, gemahlen

•1/4 EL Salz

•2 EL Apfelessig

•1/4 Tasse gewürfelte Zwiebel

•6-8 mundgerechte Speckscheiben

•Optional: in Scheiben geschnittene Mandeln

Wegbeschreibungen:

1.Fügen Sie grüne Bohnen zu einem Kolander dann gut

abspülen. Beiseite.

2.Legen Sie Hühnerbrühe, Pfeffer, Salz und Apfelwein in eine Pfanne, groß. Fügen Sie grüne Bohnen hinzu.

3.Blanch bei mittlerer Hitze für ca. 3-4 Minuten dann von der Hitze entfernen.

4.Transfer die Mischung in eine Aluminium-Pfanne, Einweg. Stellen Sie sicher, dass die gesamte Mischung in die Pfanne geht, also nicht abtropfen lassen.

5.Speckscheiben über die Bohnen legen und die Pfanne in den Traeger-Raucher geben,

6.Rauch für ca. 3 Stunden freigelegt.

7.Entfernen Sie aus dem Raucher und oben mit Mandelscheiben.

8.Sofort servieren.

Ernährung:

•Kalorien: 57

•Fett: 3g

•Gesättigtes Fett: 1g

•Kohlenhydrate: 6g

- Netto Kohlenhydrate: 4g

- Protein: 4g

- Zucker: 2g

- Faser: 2g

- Natrium: 484mg

- Kalium: 216mg

Geräucherter Mais auf der Cob

Zubereitungszeit: 5 Minuten

Kochzeit: 60 Minuten

Portionen: 4

Zutaten:

- 4 Maisohren, Schale entfernt

- 4 EL Olivenöl

- Pfeffer und Salz nach Geschmack

Wegbeschreibungen:

1. Heizen Sie Ihren Raucher auf 225°F vor.

2. In der Zwischenzeit, bürsten Sie Ihren Mais mit Olivenöl.
Mit Pfeffer und Salz abschmecken.

3. Stellen Sie den Mais auf einen Raucher und rauchen für
etwa 1 Stunde 15 Minuten.

4. Entfernen Sie aus dem Raucher und dienen.

5. Genießen Sie!

Ernährung:

- Kalorien: 180 Fett: 7g

- Gesättigtes Fett: 4g Kohlenhydrate: 31g

- Netto Kohlenhydrate: 27g

- Protein: 5g

- Zucker: 5g

- Faser: 4g

- Natrium: 23mg

- Kalium: 416mg

Geräucherte Sommerwurst

Zubereitungszeit: 15 Minuten

Kochzeit: 4 Stunden

Portionen: 4 bis 6

Zutaten:

- 1 1/2 TL Mortonsalz

- 1/2 lb. Bodenwild

- 1/2 lb. gemahlenes Wildschwein

- 1 EL Salz

- 1/2 TL Senfsamen

•1/2 TL. Knoblauchpulver

•1/2 TL. Schwarzer Pfeffer

Wegbeschreibungen:

1.Fügen Sie alle Zutaten in eine Schüssel und mischen, bis kombiniert. Bedecken Sie die Schüssel mit einer Plastiktüte und lassen Sie sie über Nacht im Kühlschrank ruhen

2.Form ein Protokoll aus der Mischung und wickeln mit Plastikfolie. Drehen Sie das Ende des Protokolls fest.

3.Vorheizen Sie den Grill auf 225F mit geschlossen beleuchtet.

4.Grill das Fleisch für 4 Stunden. Beiseite stellen und 1 Stunde abkühlen lassen.

5.Einmal gekühlt wickeln und im Kühlschrank aufbewahren.

6.Serve und genießen!

Ernährung: Kalorien: 170 Protein: 8g Kohlenhydrate: 0 Fett: 14g

Traditionelle Rezepte

Sonntag Abendmahl Lachs mit Olive Tapenade

Zubereitungszeit: 1 Stunde und 20 Minuten

Kochzeit: 1 bis 2 Stunden

Portionen: 10 bis 12

Zutaten:

- 2 Tassen verpackt hellbraun Zucker:

- 1/2 Tasse Salz

- 1/4 Tasse Ahornsirup

- 1/3 Tasse Krabben kochen Würze

- 1 (3- bis 5-Pfund) ganzes Lachsfilet, Haut entfernt

- 1/4 Tasse natives Olivenöl extra

- 1 (15-Unze) können entsteinte grüne Oliven, entwässert

•1 (15-Unze) können schwarze Oliven entkernt, entwässert

•3 EL sonnengetrocknete Tomaten, entwässert

•3 EL gehacktes frisches Basilikum

•1 EL getrockneter Oregano

•2 EL frisch gepresster Zitronensaft

•2 EL jarred kapern, entwässert

•2 EL gehackte frische Petersilie, plus mehr zum Bestreuen

Wegbeschreibungen:

1.In einer mittleren Schüssel, kombinieren Sie den braunen

Zucker, Salz, Ahornsirup und Krabben kochen Würze.

2.Rub die Paste über den Lachs und legen Sie den Fisch in

einem flachen Gericht. Bedecken und im Kühlschrank für

mindestens 8 Stunden oder über Nacht marinieren.

3.Entfernen Sie den Lachs von der Schale, spülen und klopfen

Sie trocken, und lassen Sie für 1 Stunde stehen, um die Kälte

zu nehmen.

4.In der Zwischenzeit, in einer Küchenmaschine, pulsieren Sie

das Olivenöl, grüne Oliven, schwarze Oliven,

sonnengetrocknete Tomaten, Basilikum, Oregano,

Zitronensaft, Kapern und Petersilie zu einer klobigen

Konsistenz. Kühlen Sie die Tapenade bis zum Servieren.

5.Beliefern Sie Ihren Raucher mit Traegern und folgen Sie dem

spezifischen Anlaufverfahren des Herstellers. Vorheizen, mit

geschlossenem Deckel, auf 250°F.

6.Stellen Sie den Lachs auf den Grillrost (oder auf eine

Zedernplanke auf dem Grillrost), schließen Sie den Deckel

und rauchen Sie für 1 bis 2 Stunden, oder bis die

Innentemperatur 140oF bis 145°F erreicht. Wenn der Fisch

leicht mit einer Gabel flockt, ist es fertig.

7.Entfernen Sie den Lachs von der Hitze und bestreuen Sie mit

Petersilie. Mit der Oliventapenade servieren.

Ernährung:

•Kalorien: 240; Protein: 23g;

•Kohlenhydrate: 3g; Fett: 16g

Gegrillter Thunfisch

Zubereitungszeit: 20 Minuten

Kochzeit: 4 Stunden

Portionen: 6

Zutaten:

• Albacore Thunfischfilets – 6, jeweils ca. 8 Unzen

• Salz – 1 Tasse

• Brauner Zucker: – 1 Tasse

• Orange, zested – 1

• Zitrone, zested – 1

Wegbeschreibungen:

1. Vor dem Vorheizen des Grills, Sole den Thunfisch, und dafür, bereiten Sole Rühren zusammen alle seine Zutaten, bis gemischt.

2. Nehmen Sie einen großen Behälter, Schicht Thunfischfilets in ihm, decken jedes Filet mit ihm, und dann lassen Sie sie im Kühlschrank für 6 Stunden sitzen.

3.Dann Thunfischfilets aus der Sole nehmen, gut abspülen, trocken klopfen und im Kühlschrank 30 Minuten abkühlen lassen.

4.Wenn der Grill vorgeheizt ist, Stellen Sie Thunfischfilets auf den Grillständer und lassen Sie rauchen für 3 Stunden, auf halbem Weg drehen.

5.Überprüfen Sie das Feuer nach einer Stunde Rauchen und fügen Sie bei Bedarf weitere Holzpaletten hinzu.

6.Dann schalten Sie die Temperatur des Grills auf 225 °F und weiter grillen für weitere 1 Stunde, bis Thunfisch schön golden und Gabel-Tender gedreht hat.

7.Sofort servieren.

Ernährung:

• Kalorien: 311;

• Faser: 3 g;

• Gesättigtes Fett: 1,2 g;

• Protein: 45 g;

• Kohlenhydrate: 11 g;

- Fett: 8,8 g;

- Zucker: 1,3 g

Lightning Source UK Ltd.
Milton Keynes UK
UKHW021320290721
387966UK00001B/42